To

Love Andrew

Valentines

2002

X

Purple Ronnie's

Little Book of

Love Poems

by Purple Ronnie

First published 2002 by Boxtree
an imprint of Pan Macmillan Ltd
Pan Macmillan, 20 New Wharf Road, London N1 9RR
Basingstoke and Oxford
Associated companies throughout the world
www.panmacmillan.com

ISBN 0 7522 2039 X

9 8 7 6 5 4 3 2 1

A CIP catalogue record for this book is available from
the British Library.

Text by Giles Andreae
Illustrations by Janet Cronin
Printed and bound in Hong Kong

a poem about
↓
Being in Love

Whenever I'm with you
My heart starts to thump
And I come over wonky
and flustered

I try to stay calm
But pour milk on my toast
And butter my coffee
with mustard

a poem to say
↓
You Make Me Happy

Sometimes I close my
eyes tightly
And dream of you while
you're away
Cos thinking of you makes
me happy
So that's what I wanted
to say

a not too soppy poem to say

↓

I Love You

This poem says I love you
And you make my life
                    complete

Except for all your
              bottom burps

And your stinky feet

♡

a poem about
↓
My Secret Wish

I wanted just to tell you

What my special secret
wish is

I'd love to tear your clothe
off

And then cover you with
kisses

a little
Love ↓ Poem

Sometimes my heart goes
all mushy

Remembering good times
we've had

So I thought I would write
you this poem

To say I still love you
like mad

a poem for ↓

My Lover

The smashing thing about
you
That makes me think you're
great
Is you're not only my lover

You're also my best mate

a poem to say
↓
I Love You

Sometimes when it's late
at night

And we're alone together

I want to take you in
my arms

And cuddle you for ever ♡

a poem for a
↓
Gorgeous Person

I've got this great feeling
inside me
I think you can probably tell

I don't only think that
you're totally fab

But I fancy your pants
off as well

My Own Little Way

I sometimes get rather
embarrassed
And don't always know
what to say
when it comes to expressing
my feelings
But I try in my own
little way

Love Poem

I just want to tell you
I love you so much
That each time I look
at your face
My heart jumps a somersault
Round in the air
And my feelings explode
into space

a poem to say

↓

You're Special

You're a very special person

And you mean a lot to me

When you're around you
make the world

A better place to be

a poem for a
Lover

If someone invented a
        gadget

That made me terrific in bed

I think I'd buy twenty-five
         thousand

And Do It with you till
         I'm dead

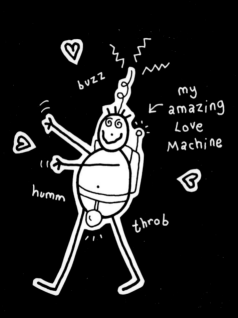

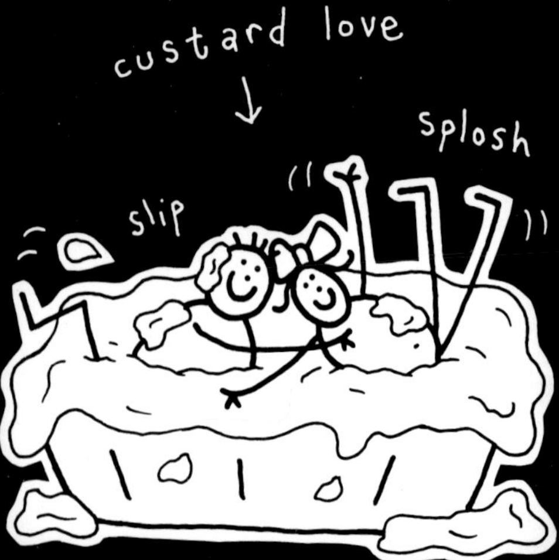
custard love
splosh
slip

a poem about

Snuggle Pie

You to me are everything

That money just can't buy

Like creamy cuddle custard

And scrumptious snuggle
                    pie

a poem to say

You're Lovely

If I was more clever
I would find a special way
To tell you that you're
lovely
Cos that's all I want
to say

a poem to say
I Love You

When I am lying alone
in my bed

All sorts of thoughts
come into my head

Like why do I Love You as
much as I do?

Then I know it's because
you are <u>You</u>

a poem about feeling

Smiley ↓ Inside

Love makes you feel all
cuddly and warm
Love makes your tongue get
all tied
It makes you go wobbly
And weak at the knees
And all sort of smiley
inside

a shy poem

To Someone I Like

I sometimes find it rather
hard
To say I really care

And that I like you
quite a lot

But I've said it now —
so there

a poem about

↓

Love

Sometimes it makes you
feel happy
And sometimes it makes
you feel blue
But I find it makes me feel
smashingly fab
And that's cos I'm in it with you

a soppy

Love Poem

Crikey I love you to pieces

My heart wants to jump up
                    and shout

Let's walk through the
                    flowers

And huggle for hours

And let all our loveliness
                    out

a poem about
↓

Missing You

There are times when I
really do miss you

And think of you missing
me too

So I close my eyes tight
And I daydream
That I am together with
you

lovely
daydream

a poem for
↓
My Lover

I want to tell you something

Now at last I've found a way

I love you more than
chocolate

And that's all I need
to say

a poem to say
↓
I Love You

Here's a little note to say

That since we've been
together

I've never felt so happy

And I love you more
than ever

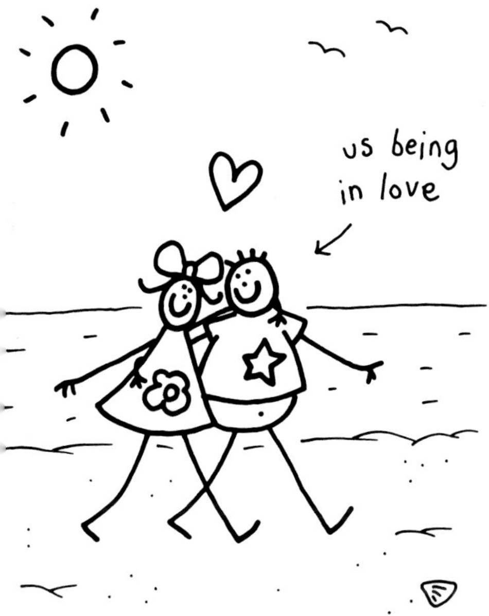
us being
in love

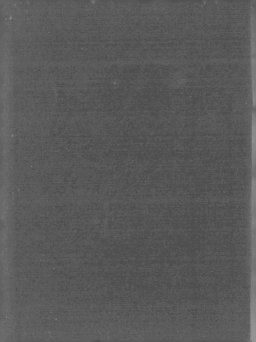